E-COMMERCE

Contenido

CAPÍTULO 1 3
   Un Poco de Historia 3

CAPÍTULO 2 13
   ¿Qué es un Comercio Electrónico? 13

CAPÍTULO 3 24
   Abrir un Comercio Electrónico.................. 24

CAPÍTULO 4 39
   La Plataforma de Comercio Electrónico.... 39

CAPÍTULO 5 46
   Dropshipping 46

CAPÍTULO 6 64
   Private Label en Dropshipping 64

CAPÍTULO 7 73
   Digital Marketing....................................... 73

CAPÍTULO 8 83
   El Cliente 83

EPÍLOGO... 93

CAPÍTULO 1

Un Poco de Historia

Si hoy nos detuviéramos a pensar en el comercio electrónico, inmediatamente nos vendrían a la mente grandes gigantes como Amazon, eBay y Alibaba.

De hecho, también es gracias a ellos que las tiendas online de hoy son como las vemos.

El comercio electrónico ha experimentado su propia evolución gracias principalmente al auge de Internet y la evolución tecnológica, capaz de vincular a la empresa y al consumidor.

Así que recordemos juntos la historia del comercio electrónico a partir de los años sesenta.

Amazon y eBay no fueron las primeras empresas en incursionar en el mundo de las ventas online.

La historia del comercio electrónico comienza en la década de 1960, cuando dos computadoras realizan la primera operación de venta online destinada a un intercambio de información digital.

La tecnología subyacente fue el intercambio electrónico de datos (EDI), un sistema que reemplazó el envío de documentos a través del correo tradicional y el fax.

Una fecha importante en la historia del comercio electrónico es 1979, cuando el inglés Michael Aldrich logró conectar un televisor a una computadora a través de la línea telefónica para procesar transacciones.

Esta fue la primera experiencia de televenta en la que se centró el comercio electrónico tal como lo conocemos hoy. El inventor inglés permitió así la comunicación tanto de empresa a empresa (B2B) como de empresa a usuario (B2C).

La invención de Aldrich fue la base del Minitel en Francia a partir de 1980.

Era una red comercial de la oficina de correos estatal utilizada para comprar en línea, reservar trenes, consultar precios de acciones y buscar números de teléfono.

En la historia del comercio electrónico, fue importante el protocolo TCP / IP, una nueva tecnología que todavía usamos hoy creada por ARPAnet, el proyecto militar estadounidense que llevó al nacimiento de Internet. Todavía estamos a principios de los ochenta y gracias a la llegada de la tecnología, el comercio electrónico comienza a extenderse rápidamente.

Las compras online que acabo de mencionar se basaron todas en pago contra reembolso, para la primera compra con tarjeta de crédito hay que esperar hasta 1994.

En 1990, Tim Berners-Lee, el padre de Internet,

sentó las bases de la idea de la web como la conocemos hoy, basada en el hipertexto. Nacen los cimientos de la Internet moderna que, con el desarrollo de los sistemas de pago digitales, favoreció aún más el crecimiento del comercio electrónico.

En 1994, el empresario Dan Kohn realizó la primera compra online en la historia del comercio electrónico a través del portal Net Market.

El primer producto comprado en línea es un CD de Sting, comprado por un amigo por unos doce dólares. Es la primera transacción online segura en la historia del comercio electrónico, realizada con el navegador Netscape y el protocolo de seguridad SSL.

No podemos hablar de la historia del comercio electrónico sin mencionar a Jeff Bezos y Amazon.

Esta empresa se fundó el 5 de julio de 1994,

mientras que el sitio se puso en línea en 1995. En su garaje de Seattle, Bezos sueña con vender tantos libros como sea posible en todo el mundo.

El fundador del famoso portal eligió inicialmente Cadabra como nombre, pero uno de sus abogados señaló la similitud con la palabra cadáver o cadaver. Entonces decidió llamar a la empresa Amazon, y lo hizo por varias razones. En primer lugar, comenzaba con la letra A, por lo tanto, en las listas de búsqueda siempre aparecería en la parte superior, y también recordaba el río Amazonas, el río imponente similar a la actividad masiva que estaba por iniciar Bezos.

Actualmente, Amazon es una de las pocas empresas que ha alcanzado la marca del billón, y no solo vendiendo libros.

El portal ha logrado comercializar todo tipo de producto para satisfacer al usuario en todas sus necesidades, con una gestión logística envidiable.

En la historia del comercio electrónico, eBay también tiene su importancia.

Fundada por Pierre Omidyar, hizo su debut en línea como Amazon en 1995 pero bajo el nombre AuctionWeb. En comparación con Amazon, eBay se creó inicialmente para subastas en línea, para dar espacio y voz a todos los vendedores y compradores. Con el tiempo introduce la posibilidad de compra inmediata sin el mecanismo de subasta.

El primer producto de la historia comprado en eBay fue un puntero láser roto por unos catorce dólares.

El fundador se puso en contacto con el comprador para comprobar si realmente había entendido la compra y descubrió que el usuario era un coleccionista de láseres defectuosos.

En 1997 cambió su nombre a Echo Bay, pero el dominio ya fue adquirido por una mina de oro y optaron por eBay simple. En 2002 el portal creció tanto que compró PayPal, que también fue fundado por Elon Musk, haciéndolo independiente en 2015.

Finalmente, otro gigante es Alibaba, una empresa china con sede en Hangzhou, fundada en 1999 por el empresario Jack Ma.

Se divide en varias empresas (Alibaba, AliExpress, Alipay, AutoNavi, Taobao, Tmall) en diferentes sectores: comercio online, servicios en la nube, plataformas de pago y trading.

Al igual que el resto de competidores, la diversificación de productos ha sido una de las fortalezas que le permite a la tienda satisfacer cualquier tipo de deseo del cliente.

En 2012, ganó alrededor de $ 170 mil millones en ventas, más que Amazon y eBay juntos.

El boom de la década de 2000 se produce en el contexto de una expansión gradual de la línea ADSL de alta velocidad en los hogares de millones de personas en Estados Unidos y Europa. Varias empresas ofrecen sus productos y servicios en la web.

El término comercio electrónico se ha extendido como aquella actividad de compra de bienes y servicios en Internet a través de pagos electrónicos seguros.

Dado el crecimiento del sector comercial online y, por tanto, la necesidad de comunicaciones y transacciones seguras, el Consejo de Normas de Seguridad de la Industria de Tarjetas de Pago (PCI) se fundó en 2004 con el objetivo de crear normas de seguridad.

La creciente difusión de tabletas y teléfonos inteligentes ha dado un nuevo impulso a la evolución del comercio electrónico con cada vez más usuarios conectados y nuevas formas de realizar transacciones comerciales incluso desde el móvil. En los últimos años, el uso de las redes sociales ha abierto nuevas vías para los minoristas online y ha creado nuevas herramientas de comunicación entre clientes y empresas.

El futuro trae consigo una nueva experiencia de compra con contenido de calidad y cada vez más realista utilizando tecnologías de realidad virtual.

Sin embargo, debemos decir que la primera compra online en Italia se remonta al 3 de junio de 1998.

IBS.it solo llevaba treinta minutos en línea cuando recibió el primer pedido de California: "La Concessione del Telefono" de Andrea Camilleri.

El comercio electrónico en nuestro país ha experimentado un crecimiento imparable en los últimos años, de hecho, en 2016 había cerca de dieciséis mil empresas con una facturación generada por el sector del comercio electrónico en Italia igual a treinta y dos mil millones de euros.

La historia del comercio electrónico es la historia de la nueva realidad digital que se ha enriquecido gracias al uso de Internet y las nuevas tecnologías digitales.

Es un mundo que seguimos construyendo paso a paso y destinado a mejorar y cambiar aún más la experiencia online de compradores y minoristas de todo el mundo.

CAPÍTULO 2

¿Qué es un Comercio Electrónico?

El comercio electrónico es una forma de realizar transacciones de bienes, servicios e información a través de Internet utilizando dispositivos electrónicos sin la necesidad de una mediación física entre los participantes de la actividad.

Por tanto, no se necesita una estructura física como comprar en una tienda tradicional, de hecho, el comercio electrónico tiene características muy diferentes a las de la tienda tradicional.

Las características que lo distinguen son:

- Universal, es decir, el usuario puede comprar los productos en cualquier país del mundo, el usuario no necesita estar en su propio país para realizar la compra. Hay que decir que en muchos lugares para comprar en otros países se requieren permisos o licencias del vendedor. En cambio, estas barreras se están eliminando cada vez más y se puede decir que el comercio electrónico tiene un carácter global.

- Igual que todos pueden iniciar un negocio electrónico en un determinado país y vender en cualquier otro país o simplemente en el propio, esto significa que, para iniciar el negocio por parte del vendedor, este puede hacerlo en cualquier parte del mundo, solo ellos deben respetar la ley vigente del país donde comienza el comercio electrónico

- Multidispositivo, es decir, el bien, servicio o información se puede adquirir a través de cualquier dispositivo electrónico, ya sea una computadora portátil, una computadora de escritorio, un teléfono móvil con conexión a Internet o una tableta. Esto hace que sea muy conveniente para el comprador final realizar una compra y no tendrá que comprar productos muy costosos para completar la transacción.

- Integración con redes sociales, es decir, estas permiten interactuar a través de ellas con muchos usuarios, permiten compartir información relativa a la compra con los contactos que cada usuario tiene en las redes sociales en las que está registrado. Además, las redes sociales permiten la publicidad de bienes, servicios o información que los usuarios pueden visualizar.

Entonces, en realidad, no existe una definición precisa de comercio electrónico que nos diga claramente qué es y qué es.

Aunque Wikipedia nos ofrece una respuesta concisa: "El comercio electrónico puede hacer referencia al conjunto de transacciones para comercializar bienes y servicios entre oferta y demanda, que se realizan a través de Internet".

En principio, por tanto, podemos decir que esta definición es correcta, aunque en realidad entran en juego muchas variables que no se consideran.

Un comercio electrónico se compone de muchos factores, que distinguen su tipo, e involucra diferentes disciplinas: desde la tecnología de la información técnica hasta la comunicación, desde el marketing hasta los gráficos, hasta las cuestiones normativas y legales.

También debemos tener en cuenta los motivos que empujan a una empresa a optar por vender sus productos o servicios a través de internet, y encontrar cuáles realmente basan gran parte de su negocio en su presencia online.

¿Y qué entendemos por comercio electrónico?

Aquí tampoco existe una definición única de

tableta. Esto hace que sea muy conveniente para el comprador final realizar una compra y no tendrá que comprar productos muy costosos para completar la transacción.

- Integración con redes sociales, es decir, estas permiten interactuar a través de ellas con muchos usuarios, permiten compartir información relativa a la compra con los contactos que cada usuario tiene en las redes sociales en las que está registrado. Además, las redes sociales permiten la publicidad de bienes, servicios o información que los usuarios pueden visualizar.

Entonces, en realidad, no existe una definición precisa de comercio electrónico que nos diga claramente qué es y qué es.

Aunque Wikipedia nos ofrece una respuesta concisa: "El comercio electrónico puede hacer referencia al conjunto de transacciones para comercializar bienes y servicios entre oferta y demanda, que se realizan a través de Internet".

En principio, por tanto, podemos decir que esta definición es correcta, aunque en realidad entran en juego muchas variables que no se consideran.

Un comercio electrónico se compone de muchos factores, que distinguen su tipo, e involucra diferentes disciplinas: desde la tecnología de la información técnica hasta la comunicación, desde el marketing hasta los gráficos, hasta las cuestiones normativas y legales.

También debemos tener en cuenta los motivos que empujan a una empresa a optar por vender sus productos o servicios a través de internet, y encontrar cuáles realmente basan gran parte de su negocio en su presencia online.

¿Y qué entendemos por comercio electrónico?

Aquí tampoco existe una definición única de

comercio electrónico.

Podríamos decir que es el conjunto de transacciones que se realizan a través de internet para comercializar bienes y servicios entre productor o proveedor y consumidor.

Se trata, por tanto, de una actividad informática de comercio electrónico que se realiza tanto con el servicio como con el producto comercializado a través de la web.

Existen diferentes tipos de comercio electrónico, veamos juntos los más comunes:

- Business to Business (B2B) o el intercambio de suministros, productos o servicios entre una empresa y otra. Este tipo de comercio suele estar automatizado gracias a Internet, e incluye un área de intercambios mucho mayor que los que se realizan directamente al consumidor final, porque todas las empresas tienen necesidades similares como transporte, servicios técnicos o de TI. Obviamente, estas necesidades son cubiertas por otras empresas o negocios.

- Business to Consumer (B2C) o todas aquellas formas de venta online destinadas directamente al cliente. Gracias a la web, la compra y venta se vuelve más rápida, se salta el paso con intermediarios y los precios más asequibles y la asistencia al cliente suelen estar garantizadas las 24 horas.

- Consumidor a Consumidor (C2C) son empresas que siguen un proceso de compra similar al de la empresa tradicional. Las fases del proceso de compra son diversas, lo primero es que el cliente final ordena el pedido del bien, servicio o información que necesita. El siguiente paso es que el cliente final contrate para pagar lo que necesita

- Peer to Peer (P2P) o la transacción entre individuos de archivos o información

- Business to Employee (B2E): esa es la transacción de la empresa a los empleados

Ahora que conocemos la definición de comercio electrónico, debemos hablar de servicios de comercio electrónico.

De hecho son estos últimos los que marcan la diferencia: facilidad de uso, atención al cliente, envío gratuito, posibilidad de devoluciones, son aspectos del servicio de comercio electrónico muy útiles para tener éxito hoy en día con este tipo de negocios. realmente marcan la diferencia. Además del producto y la forma en que se presenta al potencial comprador, numerosos factores también influyen en la decisión de compra online que ahora se considera parte integral de las políticas de las mayores tiendas online como Amazon, Zalando, Yoox, Privalia, Asos, etc.

Cuando una empresa decide abrir un comercio electrónico, primero debe entender cuáles son las ventajas que este negocio puede aportar al éxito y al mismo tiempo no perder de vista las desventajas.

Intentemos hacer una lista de aspectos positivos y negativos que se deben tener en cuenta para cualquier iniciativa de venta online.

En cuanto a los beneficios:

- Llegar a un mayor número de clientes potenciales, es decir, ya sea un B2B o un B2C, sabemos que la red abre las puertas a un potencial infinito de personas que pueden aprovechar el comercio electrónico para conocer la empresa, pregunte para obtener información o comprar

- La reducción de costes o intentar mantener un comercio electrónico no cuesta tanto como incurrir en los costes de una tienda física, porque los costes de gestión online se reducen enormemente

- Añadir una pieza importante a la comunicación, porque tener un comercio electrónico para una empresa que se encuentra ya iniciada es una buena manera de tener más visibilidad en la web, pudiendo llegar a más personas y aprovechando la oportunidad de poder generar interacciones en línea.

En cuanto a las desventajas:

- Pagos online, es decir, hay que tener en cuenta que, a pesar del crecimiento que hay también en Italia, muchas personas siguen desconfiando de comprar online, porque no conocen todos los trámites que hay detrás y tienen miedo de poder difundirse. sus datos bancarios en la web

- Prácticas desleales porque además de no caer en prácticas comerciales desleales, es necesario saber gestionar las solicitudes de los clientes, que en ocasiones no están del todo en consonancia con lo que se espera una vez abierto el comercio electrónico.

- Plan de negocio porque incluso para gestionar un comercio electrónico es necesario tener una estrategia válida, además del tiempo y personal adecuado que se ocupe de los aspectos legales o de marketing.

En Italia, las compras online están en constante aumento, y la llegada de Covid-19 ha incrementado significativamente el volumen de ventas remotas con picos que han tocado el trescientos por ciento, sin embargo, todavía poco en comparación con otros países como Gran Bretaña.

Este es precisamente el momento de invertir en

un comercio electrónico para llegar a los clientes que buscan cada vez más en línea los productos que más necesitan.

CAPÍTULO 3

Abrir un Comercio Electrónico

Al abrir un comercio electrónico, si no tiene información esencial, puede ser más fácil decirlo que hacerlo.

Con la evolución de muchos sectores del comercio electrónico en 2020, activar una tienda online, quizás complementaria al punto de venta físico, es un tema de mucha actualidad, especialmente para aquellos negocios que han experimentado una caída en las ventas en la tienda tradicional.

Abrir un comercio electrónico no es sinónimo de vender online.

La venta en línea se refiere a todas esas formas de venta en canales digitales, por ejemplo, a través de mercados en sitios y plataformas publicitarias, incluidas las redes sociales, generalmente indicadas para actividades inmediatas y no profesionales.

Existen algunos elementos fundamentales para abrir un comercio electrónico que son necesarios para cumplir con toda la normativa vigente.

En particular, para todos los vendedores profesionales es necesario lo siguiente: la apertura de un número de IVA porque sin él no será posible activar un comercio electrónico profesional además de la inscripción en el Registro de Empresas, la apertura de cotización y los puestos asistenciales y la comunicación de inicio de actividad.

Desde el punto de vista financiero, también es necesario abrir una cuenta corriente a nombre de la empresa donde se acreditarán las ganancias de las ventas y se debitarán los costos y comisiones.

Puede haber otros pasos burocráticos que sean necesarios para estar en orden y pueden depender, por ejemplo, del tipo de productos vendidos o en venta fuera de la Unión Europea.

El consejo para esta fase más delicada es contactar con un contador especializado, contar con el apoyo de un profesional y evitar futuros contratiempos.

Una vez aclarado el aspecto burocrático, podemos ocuparnos de las principales actividades necesarias exclusivamente para la apertura y gestión de un comercio electrónico.

El sitio web de la tienda online representa nuestra principal actividad, al igual que el punto de venta para quienes venden offline.

Una tienda que no es de fácil acceso, está abarrotada y con poco espacio entre los estantes sin duda hace que sea incómoda visitarla y se arriesgue a no tener éxito.

Los mismos principios se aplican a nuestro comercio electrónico. Nos aseguramos de que la experiencia de compra sea única, que la navegación entre catálogos, productos y servicios sea fluida y que concluir una compra requiera unos sencillos pasos sin ningún contratiempo.

Precisamente por tratarse de un componente estratégico, es recomendable contactar con profesionales para el desarrollo del sitio. Existen autónomos y agencias especializadas que ofrecen desarrollo y mantenimiento de sitios, en función de las necesidades personales y el tipo de tienda electrónica o podemos confiar en plataformas como Vidra, que ofrece todas las herramientas para crear y gestionar una tienda online.

Una vez hayas elegido a quién confiar la creación del sitio web, pongamos en manos de ellos su experiencia, pero ten en cuenta un par de elementos importantes.

La primera es que es "responsive" o adaptativo, en el sentido de que tendrá que adaptarse automáticamente a los diferentes tamaños de las pantallas actuales, especialmente las móviles. De hecho, cada vez son más los usuarios que realizan sus compras desde teléfonos inteligentes. Por lo tanto, comprar sobre la marcha se ha convertido en una realidad en todos los aspectos y, por lo tanto, debe tenerse muy en cuenta.

La segunda es que los sitios se pueden desarrollar de dos maneras: escritos completamente en código o creados a través de plataformas de administración de contenido llamadas CMS. En el primer caso, el sitio será exactamente como lo queremos en todos los aspectos, pero en este caso nos costará un poco más.

En el segundo caso, tendremos que hacer algunos compromisos, pero los CMS se utilizan cada vez más como herramientas y muchos de los sitios que navegamos regularmente se basan en estas plataformas.

También debemos considerar qué servicio de

navegación entre catálogos, productos y servicios sea fluida y que concluir una compra requiera unos sencillos pasos sin ningún contratiempo.

Precisamente por tratarse de un componente estratégico, es recomendable contactar con profesionales para el desarrollo del sitio. Existen autónomos y agencias especializadas que ofrecen desarrollo y mantenimiento de sitios, en función de las necesidades personales y el tipo de tienda electrónica o podemos confiar en plataformas como Vidra, que ofrece todas las herramientas para crear y gestionar una tienda online.

Una vez hayas elegido a quién confiar la creación del sitio web, pongamos en manos de ellos su experiencia, pero ten en cuenta un par de elementos importantes.

La primera es que es "responsive" o adaptativo, en el sentido de que tendrá que adaptarse automáticamente a los diferentes tamaños de las pantallas actuales, especialmente las móviles. De hecho, cada vez son más los usuarios que realizan sus compras desde teléfonos inteligentes. Por lo tanto, comprar sobre la marcha se ha convertido en una realidad en todos los aspectos y, por lo tanto, debe tenerse muy en cuenta.

La segunda es que los sitios se pueden desarrollar de dos maneras: escritos completamente en código o creados a través de plataformas de administración de contenido llamadas CMS. En el primer caso, el sitio será exactamente como lo queremos en todos los aspectos, pero en este caso nos costará un poco más.

En el segundo caso, tendremos que hacer algunos compromisos, pero los CMS se utilizan cada vez más como herramientas y muchos de los sitios que navegamos regularmente se basan en estas plataformas.

También debemos considerar qué servicio de

hosting tenemos que elegir, es decir, la empresa que ofrece el espacio en el que publicar el sitio. Muchas veces los involucrados en el desarrollo también sugieren el socio para esta necesidad, en cualquier caso, será suficiente saber que la velocidad de navegación y acceso a nuestra tienda online también depende de la calidad del servicio ofrecido por la empresa de hosting, por tanto, También es mejor prestar mucha atención a esta elección.

Almacén, envío y devoluciones son tres factores fundamentales ya que están vinculados entre sí y la excelencia en estas áreas ha hecho la fortuna de grandes sitios como Amazon.

La gestión eficiente del almacén puede tener muchas ventajas, tanto desde el punto de vista de los costes como desde el de la experiencia del cliente. Cuanto mayor sea la organización y menor sea el tiempo requerido para el envío de la mercancía, la consecuencia será tener un cliente más satisfecho ya que se reducen los tiempos de recepción de los productos adquiridos.

La gestión de devoluciones también es importante porque pueden convencer al cliente de que se mantenga fiel a nosotros y no prefiera a un competidor que tiene tiempos de gestión de devoluciones largos o costes prohibitivos.

También hay muchas actividades de marketing que pueden contribuir al éxito de nuestro negocio.

Entre los más importantes encontramos SEO y SEA, acrónimos de Search Engine Optimization y Search Engine Advertising que en conjunto son todas las actividades, pagadas y no, para que nuestro sitio web sea más fácil de encontrar en los buscadores.

Dado que hoy en día más del noventa por ciento de las páginas web del mundo son invisibles para Google, es muy importante invertir para que nuestra tienda online se sitúe dentro del diez por ciento restante.

También para estas actividades hay especialistas en el sector y como para cualquier otra profesión es bueno contactar con ellos para conseguir los resultados deseados.

También son importantes las revisiones, las actividades de marketing por correo electrónico y la supervisión de los canales sociales.

El último paso de una compra, en línea o fuera de línea, es el pago.

Un sistema de pago bien integrado puede marcar la diferencia y convencer a nuestro cliente de que regrese o elija a uno de nuestros competidores para futuras compras.

También en este caso son muchos los factores a tener en cuenta, la elección del socio adecuado para la gestión de los recibos de nuestro comercio electrónico puede ser el éxito de nuestro negocio.

Sin embargo, debemos decidir qué tipo de integración buscamos. Se puede optar por un sistema simple, poco personalizable y quizás con costos variables en función del tránsito, o soluciones más personalizables, con mayor funcionalidad y costos que dependen de los servicios de valor agregado activados.

Según el público objetivo, es bueno evaluar qué sistemas de pago integrar.

Por ejemplo, para los clientes jóvenes es posible activar las billeteras de pago más comunes en teléfonos inteligentes, como Apple Pay y Google Pay, mientras que, si está vendiendo productos a clientes chinos, es importante evaluar herramientas como Alipay, WeChat Pay y Unionpay.

Y si el público objetivo es B2B, MyBank e iDEAL pueden marcar la diferencia y aumentar la tasa de conversión de nuestro carrito de compras.

Otro componente estratégico es la prevención

del fraude.

Hoy en día existen plataformas que, gracias a la inteligencia artificial y el aprendizaje automático, pueden reducir el fraude y al mismo tiempo aumentar las ventas gracias a su capacidad para reducir los falsos positivos, es decir, las llamadas transacciones genuinas identificadas erróneamente como fraudulentas.

Una plataforma de prevención de fraude eficaz es un arma adicional también en términos del recorrido del cliente, ya que reduce la fricción durante la fase de pago y hace que la fase de pago sea más agradable y rápida.

Ahora hablemos de un tema un poco más espinoso, a saber, el relacionado con los costos de abrir un comercio electrónico.

Es difícil dar una respuesta precisa a esta pregunta porque mucho depende de la calidad y personalización de los servicios elegidos.

En la web también hay agencias y empresas

que ofrecen paquetes que incluyen algunos de los servicios que hemos enumerado o incluso una gestión llave en mano de todo el comercio electrónico.

Es posible identificar clases de costos para abrir un comercio electrónico:

- Configuración, activación del contrato o desarrollo. Las empresas a menudo proporcionan costos fijos únicos para la activación o prestación de un servicio. En el caso de la activación de un comercio electrónico, podemos hablar del coste de desarrollo del sitio, la activación de la pasarela de pago y también la puesta en marcha de un proyecto de marketing.

- Cuotas de mantenimiento o plataforma y CMS, aquí estamos hablando de operaciones relacionadas con el mantenimiento del sitio, actualización del catálogo de productos, gestión de almacenes, hosting y acceso a plataformas de cobranza. Partidas de coste que deben ser previstas y definidas periódicamente en la fase de contrato

- Las comisiones de transacción, es decir, se suelen aplicar de forma fija o variable sobre el importe de la transacción. Pueden cambiar según el instrumento de pago utilizado por el cliente y se deducen automáticamente de los recibos o se cargan en un momento posterior.

- Costes accesorios y variables que pueden ser sellos y gastos de Estado, costes puntuales de consultoría, presupuesto de campañas publicitarias, etc.

Otro aspecto importante para tener éxito con nuestro comercio electrónico es hacer uso de un equipo formado únicamente por profesionales especializados en cada área de referencia.

En particular, los profesionales que necesitaremos son:

- Responsable de comercio electrónico o figura principal, quien establece los objetivos del sitio, propone el presupuesto a asignar, comprueba el éxito de todas las operaciones y gestiona el marketing.

- Desarrollador web o el programador, el jefe del departamento técnico, el que se encarga de construir y actualizar la plataforma, corrijo cualquier defecto y mal funcionamiento

- Diseñador gráfico que se ocupa del aspecto estético del sitio.

- Técnico de imagen fotográfica y multimedia que se encarga de fotografiar, filmar y producir todas las imágenes y videos del sitio

- Especialista en SEO que se encarga de planificar la estrategia de SEO, identificar palabras clave, monitorear y mejorar el posicionamiento

- Responsable de marketing de medios digitales que identifica los canales de comunicación preferenciales y establece el presupuesto a destinar a las operaciones de marketing

- Creador de contenido y copia que se ocupa de contenido digital para marketing.

- Responsable de redes sociales que se encarga de las publicaciones, anuncios y presupuesto dedicado a todo esto

- Marketplace Specialist quien se ocupa de los datos relacionados con las tendencias del mercado y mejora la presencia de la empresa en los marketplaces

- Gerente de atención al cliente quien gestiona las solicitudes de los clientes a través del teléfono, correo electrónico y chat.

- Gerente de almacén que se encarga del almacenamiento de mercadería, logística y envío de paquetes.

En conclusión, abrir un comercio electrónico puede resultar caro, no solo en términos económicos, sino que es un elemento clave para encontrar al consumidor que ya no depende exclusivamente de los puntos físicos para sus compras, sino con un plan de negocio bien construido y estrategias sólidas. para respaldarlo, las oportunidades que ofrece el canal digital permiten llegar a clientes potenciales en todo el mundo.

CAPÍTULO 4

La Plataforma de Comercio Electrónico

La elección de la plataforma más adecuada para nuestro comercio electrónico es obviamente un aspecto muy importante.

Una empresa puede decidir trabajar simultáneamente en múltiples plataformas siempre que todas sean productivas y que los costes de gestión y mantenimiento sean sostenibles.

Hoy en día, existen toneladas de posibilidades gratuitas y de pago para crear una tienda en línea.

Básicamente, una tienda en línea se puede crear a través de dos plataformas diferentes, a saber, las plataformas CMS o las de CD.

Las primeras plataformas permiten al cliente

gestionar los contenidos del sitio con total autonomía, sin necesidad de conocer los diferentes lenguajes de programación web.

El CMS es una herramienta muy flexible y muy recomendable, para todos aquellos que necesitan una web dinámica, donde los contenidos se actualizan con una determinada frecuencia.

Básicamente, existen dos tipos de plataformas CMS:

- CMS propios, o aquellos que sean desarrollados por la agencia web o por el profesional. En este caso, el código fuente casi nunca se lanza al público.

- CMS de código abierto, los más famosos WordPress, Joomla, Drupal. Estas plataformas son desarrolladas por una comunidad de programadores voluntarios y el código fuente es de dominio público. Para utilizarlos no es necesario pagar ningún canon, ya que son de código abierto.

La gran diferencia entre estas dos plataformas radica en la propiedad del código. Si en un caso el código fuente es desarrollado solo por un pequeño número de programadores y no se hace público, en el otro la característica es precisamente la libertad de acceso.

La consecuencia es que muchas personas pueden contribuir al desarrollo del CMS de código abierto, pero la otra cara de la misma moneda muestra una mayor vulnerabilidad, dado que un mayor número de atacantes puede tener la posibilidad de descubrir fallas y vulnerabilidades en el sistema.

Por tanto, si se nos ofrece crear un sitio que utilice un CMS de código abierto, tenemos dos posibilidades para evitar el riesgo de que se vuelva obsoleto y vulnerable a los ciberataques: o contamos con el apoyo de la agencia o en todo caso de un profesional que ha creado el sitio, o aprendemos a actualizar el CMS instalado de forma independiente y a gestionar los posibles conflictos que puedan surgir tras la actualización.

En cuanto a las plataformas de CD, su desarrollo es mucho más complejo, más caro y apto solo para verdaderos profesionales del sector ya que consiste en construir un sitio desde cero y al mismo tiempo garantizar su mantenimiento y actualización. A través de estas plataformas, el sitio se puede personalizar muchas veces a su gusto.

La elección de la plataforma, por tanto, resulta muy delicada, además porque el consumidor de hoy tiene expectativas muy altas, todo debe estar a un clic de distancia, por lo que la plataforma elegida debe cubrir todas las necesidades tanto en términos de tiempo como en la compra final.

Por ello, la plataforma debe adecuarse a las necesidades del mercado y eso es sobre todo a la posibilidad de poder conectarte desde tu dispositivo móvil.

Evidentemente todo estará más definido por el presupuesto que tendremos disponible.

Además, para atraer a un mayor número de visitantes, también es necesario cuidar los aspectos estéticos y el diseño.

Importante, en este sentido, es la interfaz gráfica de nuestro sitio o la fachada y el mensaje que pretendemos comunicar a los visitantes que obviamente debe tener un fuerte impacto para evitar que abandonen inmediatamente nuestro sitio de comercio electrónico para preferir quizás otros.

Cada página del sitio debe estar bien cuidada y cada detalle debe ser claro, como por ejemplo:

- Diseño esbelto y definido con pocos colores.

- Precios claros, definitivos y fácilmente identificables

- Enlaces más obvios que todo lo demás

- Carrito claramente visible en la parte superior derecha

- La barra de búsqueda debe ofrecer resultados rápidamente

- Contenido acorde al escaparate, con tendencias de todo tipo

- Contenidos multimedia claros y definidos

- Colores cálidos, positivos y hospitalarios.

Por tanto, todos estos son aspectos muy importantes para una plataforma y para incrementar el nivel de usabilidad de la misma.

La estructura de un comercio electrónico debe reflejar idealmente la estructura de un árbol donde el tronco estará representado por la página de inicio, las ramas más grandes de las páginas principales, las ramas más pequeñas de las subcategorías, las hojas de los productos ofrecidos para venta.

Dentro de este gran árbol, el consumidor debe poder navegar con extrema sencillez y rapidez.

Además de estos aspectos, la plataforma o más bien el sitio de nuestro comercio electrónico debe cumplir con otros criterios, a saber:

- La lista de productos o más bien el catálogo debe estar siempre actualizado y debe ser fácil de consultar

- El carrito debe estar siempre claramente visible y debe mostrar la vista previa de los productos elegidos y el precio final.

- El pago o los procedimientos de pago deben ser seguros y optimizados.

Si todas estas características funcionan correctamente y sincrónicamente entre sí, el resultado será mucho más que satisfactorio.

CAPÍTULO 5

Dropshipping

El Dropshipping es un método de venta que se puede aplicar al comercio electrónico y consiste en vender un producto online sin tenerlo realmente en un almacén de almacenamiento. Por tanto, los artículos no son propiedad del vendedor, sino que se ofrecen a los compradores actuando como intermediario entre el público y el proveedor.

Todo esto es posible porque en la base existe un acuerdo comercial entre el vendedor dropshipper y el proveedor principal, con el fin de obtener ventajas para ambos.

Concretamente, dando un ejemplo práctico, un usuario se dedica a la compra online y elige un artículo de una plataforma de comercio electrónico. El artículo elegido, sin embargo, no es vendido directamente por la tienda en línea, que en realidad no posee este artículo: el producto está en manos del proveedor, quien también se encargará de la preparación y envío al comprador. Entonces el usuario compra a través del portal, pero no desde el portal, es decir, al proveedor.

Para iniciar un negocio de Dropshipping es necesario tener en cuenta una inversión que no es tan importante, pero que tampoco es nula. De hecho, para arrancar todo será necesario:

- Comprar un dominio en Internet
- Cree su propio sitio de comercio electrónico confiando en profesionales
- Analizar el mercado para comprender qué sectores son ventajosos, ya sea para elegir vender productos de nicho o productos más populares.
- Iniciar una campaña de marketing porque el posicionamiento en la web es

fundamental para darse a conocer tanto por clientes como por proveedores

- Ponerse en contacto con proveedores de todo el mundo y si es necesario conocerlos y por tanto viajar

Evidentemente, como ocurre con todas las cosas, el Dropshipping también tiene sus ventajas y desventajas. Sin duda una de las mayores ventajas que hace que el Dropshipping sea muy interesante para quienes se preparan para iniciar un negocio online es que requiere unos costes iniciales mínimos.

Los costos son tan bajos porque solo necesita tener un sitio y no requiere las inversiones necesarias para abrir una tienda.

Además, los costes de gestión del almacén no están previstos porque el almacén no existe: se contacta directamente con el proveedor, que además sólo cobrará cuando se vendan los productos. No es necesario pagar la mercancía por adelantado con el riesgo de endeudarse y tener artículos sin vender.

Por lo tanto, no solo ahorra dinero, sino también tiempo. De hecho, todo el trabajo se realiza en línea simplemente enviando el pedido al proveedor. No tiene que preocuparse por el embalaje o envío del producto, porque la logística también forma parte de la competencia del proveedor.

El intermediario ni siquiera tiene que realizar el inventario porque los proveedores se encargan de él, ya sean mayoristas o comerciantes normales.

Además, este sistema es útil para expandir sus clientes en todo el mundo porque puede tener proveedores de todo el mundo.

Cabe destacar también que desde el punto de vista fiscal la gestión de un comercio electrónico, en general practiques Dropshipping o no, es más ágil que la de una tienda física, un ejemplo concreto es que no será necesario hacer un recibo electrónico para comercio electrónico.

El proveedor también se beneficia del sistema Dropshipping porque de acuerdo con el comprador gana presencia online, donde quizás su comercio electrónico no tendría la misma difusión.

El intermediario, de hecho, tendrá que encargarse de gestionar mejor el marketing para difundir e imponer su presencia online, también en beneficio del proveedor que no tendrá que pensar en publicitarse él mismo.

Para el cliente, además, Dropshipping significa tener una mayor oferta de productos a su disposición, con objetos de proveedores de todo el mundo, para que pueda elegir lo que más le guste y reflejar sus gustos personales.

Habiendo dicho esto, todo parece perfecto, pero como en cualquier zona hay desventajas.

Estos consisten principalmente en la necesidad de encontrar proveedores que tengan productos de calidad y sean confiables, para no terminar con pedidos realizados, pero nunca enviados.

Además, también existen desventajas desde el punto de vista económico porque, aunque el capital inicial para invertir en un negocio de Dropshipping es muy bajo y no hay riesgo de no poder pagar a los proveedores, la ganancia real es bastante exigua, especialmente al principio.

De hecho, el costo del productor y los gastos relacionados con la comercialización deben restarse del precio pagado por el comprador.

Entonces, para ganar mucho, en este sistema es necesario tener muchos clientes y proveedores asequibles.

Además, el sistema Dropshipping se puede utilizar para realizar estafas por parte de partes malintencionadas, desde varios puntos de vista.

Por ejemplo, podemos pensar en el intermediario que se queda con el dinero del cliente, pero no reenvía el pedido al proveedor.

O un proveedor que engaña al intermediario, quizás pidiendo que le paguen no en función de la venta del producto, sino mensualmente.

En definitiva, como siempre cuando se trata de compras online, es necesario prestar mucha atención a la fiabilidad de los implicados en el sistema.

En las comunidades online dedicadas al Dropshipping y al comercio electrónico en general, es posible encontrar listas de dropshippers con sus reviews de año en año porque de esta forma tendremos una comparativa con otros usuarios que nos será útil por ejemplo para buscar aquellos que son considerados los mejores dropshippers de Italia.

Sin embargo, no existe una lista profesional

oficial donde los proveedores estén obligados a registrarse, por lo que el riesgo de encontrar cifras poco fiables debe empujar al emprendedor digital a ejercer la máxima cautela y atención.

Para empezar, es necesario identificar los canales de distribución adecuados para su sector: mayoristas o pequeños productores locales.

Una encuesta en línea a través del motor de búsqueda puede ayudar al intermediario a dividirse entre las muchas presencias en línea para buscar aquellas que sean más adecuadas para él.

También es necesario hacer un análisis de costos, entender cuáles son los temas más convenientes, hacer contactos o quizás hacer visitas para conocerse en persona.

En este sentido, también resultan útiles las ferias comerciales o las dedicadas al comercio electrónico, en las que podrás hacer networking y conocer a los dropshippers y otros intermediarios para intercambiar opiniones, consejos e ideas sobre cómo actuar mejor para llevar a cabo tu negocio digital.

La pandemia de coronavirus en 2020 ha creado nuevos retos para las empresas, cerradas o sujetas a limitaciones durante mucho tiempo con la consecuencia de haber tenido importantes repercusiones económicas y sociales.

En general, se recurrió a las herramientas de venta en línea, especialmente durante el cierre total en la primavera, cuando no se permitió mantener abiertas las tiendas y negocios.

Estos problemas pueden haber ocurrido para quienes se ocuparon de Dropshipping en esos tiempos debido a posibles crisis de proveedores, retrasos en la entrega de mercancías y envíos.

Por tanto, el Dropshipping es sin duda un sistema muy interesante para explotar de la mejor manera, especialmente hoy en día que la competencia en Italia aún no es tan excesiva: una forma sencilla, inmediata y eficaz de hacer un negocio online sin inversiones iniciales, aparte de las relacionadas a la gestión del sitio.

Sin embargo, este modelo de negocio es adecuado para todos, siempre que tenga un cierto nivel de paciencia para aprender y tenga un mínimo de perspicacia comercial.

Es una actividad emprendedora también apta para principiantes, ya que los costos relativamente bajos para iniciar el negocio y los riesgos mínimos hacen del Dropshipping una excelente manera de dar los primeros pasos en la venta online.

Precisamente por las razones que acabamos de mencionar, incluso aquellos con poco dinero para invertir pueden encontrar en este modelo de negocio un buen punto de partida para ganar dinero.

Finalmente, otra razón que permite que el Dropshipping sea tan interesante es que te permite familiarizarte con un nicho en particular, estudiar sus fortalezas, debilidades, pero sobre todo su potencial.

Detalles que posiblemente se explotarán en un momento posterior con otros tipos de ventas en línea.

Entre los requisitos para ser un excelente dropshipper ciertamente encontramos que tienes ciertos conocimientos de marketing, al menos cuáles son los conceptos básicos y cómo funciona la publicidad online. De hecho, hay que tener en cuenta que, en la mayoría de los casos, se trata de productos que no son únicos y que también se venden en otros lugares. Al no poder contar con la singularidad de los productos, la importancia del marketing se incrementa exponencialmente. En este sentido, es bueno tener conocimientos en el campo de:

- SEO, para posicionar tu comercio electrónico y tener mayor visibilidad en buscadores, además, en este sentido, la construcción de enlaces es fundamental

- Influencer marketing porque en los últimos tiempos es la estrategia más utilizada para vender sus productos en Dropshipping o más bien la de utilizar Influencers que patrocinan su comercio electrónico y a través de esta estrategia podremos llegar a miles de clientes potenciales en pocos días.

- Google AdWords y Facebook Ads, para poder anunciar por una tarifa, optimizando costos

- Social Media Marketing, para poder promocionar sus productos también en Facebook, Instagram y otras redes sociales.

Conociendo estos sectores, ya es posible entender de entrada, en función del tipo de producto tratado, cuál podría ser el canal preferido.

En caso de dudas, sin embargo, es posible asignar un presupuesto reducido para todas las formas que se puedan emprender con el único propósito de encontrar las mejores soluciones.

Si no está particularmente familiarizado con estos temas, es recomendable contratar personas para que se ocupen de ellos.

En este caso, sin embargo, como es fácil de entender, los costos serán mucho mayores.

Aunque una vez iniciado este negocio es bastante fácil de administrar, hay algunos detalles importantes que recordar. Es prácticamente imposible no abrir el número de IVA.

Por su propia naturaleza, de hecho, las ventas online no son ocasionales y es poco probable que la facturación de quienes venden en la web sea inferior a los cinco mil euros anuales.

Por eso es fundamental utilizar un número de IVA y el servicio de un excelente contador.

Hay que decir que, para tener un poco de respiro al inicio, es posible contar con el esquema de tarifa plana que garantiza un mínimo de maniobra extra para quienes quieran iniciar una actividad de este tipo.

El segundo paso es decidir qué tipo de plataforma utilizar. En este sentido, existen varias opciones.

Por ejemplo, una de las más importantes es Shopify, que es una plataforma diseñada específicamente para la venta online y especialmente indicada para Dropshipping.

Fácil y rápido de usar, es un servicio que permite la creación de sitios de comercio electrónico. Shopify es tan importante que también es utilizado por una de las marcas más importantes a nivel mundial como RedBull.

Otras características importantes son una asistencia impecable, una integración perfecta con una serie infinita de complementos, así como una sección de informes precisa.

También hay pequeñas desventajas, como las limitaciones del plan básico y la necesidad de usar adiciones externas para arreglar el comercio electrónico bajo la reciente ley GDPR.

Otro factor que puede no gustar a muchos minoristas son los costos asociados con este servicio. Como se mencionó, de hecho, las versiones más básicas tienen algunos defectos.

En cuanto a los costos, es importante recordar que:

- Basic Shopify cuesta solo treinta dólares al mes, más tres por ciento más treinta centavos en transacciones más dos por ciento en pasarelas de terceros

- Shopify estándar cuesta alrededor de ochenta dólares por mes, más tres por ciento más treinta centavos en transacciones y uno por ciento en pasarelas de terceros

- Shopify avanzado que cuesta alrededor de trescientos dólares al mes a los que se suman tres por ciento y treinta centavos en cada transacción además del uno por ciento en pasarelas de terceros.

Cualquier tipo de suscripción le permite vender una cantidad ilimitada de productos, obtener un espacio web, un sistema de protección contra el fraude, temas gratuitos y de pago, así como la posibilidad de personalizar los gráficos de su sitio. Dado lo que ofrece la plataforma, los costos propuestos son bastante asequibles.

Otro aspecto interesante es que la filosofía de Dropshipping se suele combinar con la de la franquicia. Aquellos que no tienen el tiempo, el deseo o la capacidad específicos para elegir entre muchos proveedores, a veces pueden ser muy útiles para obtener algún apoyo.

De hecho, confiar en las franquicias le permite encontrar un sitio de comercio electrónico y un sistema listo para ser utilizado. En tal contexto, no se requieren conocimientos particulares en términos de publicidad y creación de sitios web.

La empresa que se ocupa de franquicias, de hecho, está dispuesta a ofrecer un e-Commerce, para formar y asistir al dropshipper hasta un soporte real para cuestiones legales.

Y al confiar en una marca reconocida, también es posible tener importantes ventajas en términos de imagen.

Sin embargo, como cualquier otro tipo de franquicia, existe la desventaja de tener que desembolsar mucho dinero para obtener lo que se acaba de decir. En general, la operación puede costar varios miles de euros incluso si, a fin de cuentas, puede resultar bastante conveniente.

De hecho, quienes se están preparando para acercarse a los negocios en línea por primera vez, se encuentran con algunos errores útiles para la capacitación.

Estos errores pueden resultar muy costosos tanto en términos de tiempo como dc dinero. Poder iniciar una aventura franquiciadora te permite limitar el margen de error y poder entender cómo funciona el sector de Dropshipping sin necesariamente tener que perder dinero.

Nada le impide querer iniciar su propio negocio después de una experiencia de este tipo para respaldar o reemplazar la franquicia

CAPÍTULO 6

Private Label en Dropshipping

La industria del Dropshipping se está volviendo cada vez más competitiva, por lo que se necesitan algunas precauciones para garantizar que nuestro negocio pueda vencer a nuestros temibles competidores.

La mejor manera de hacerlo es mediante el envío directo de productos de marca privada, ya que estos pueden brindarle un mayor margen de ganancia y generar más dinero más rápido.

Según las estadísticas, las ganancias de quienes han ingresado a este mundo por muy poco tiempo ya alcanzan más de diez mil dólares mensuales.

El Dropshipping de productos de Marca Privada es más efectivo a la hora de desarrollar y comercializar productos de mayor calidad, porque el uso de una marca nos permite tener la capacidad de pedir mejores precios en el mercado.

Un ejemplo de una industria que utiliza la etiqueta privada es la industria de los supermercados: de hecho, los supermercados ofrecen regularmente productos de marca privada.

Esta elección les permite tener márgenes de beneficio superiores a los obtenidos al ofrecer a sus clientes solo productos de las marcas más famosas con precios más elevados.

La mejor forma de diferenciarte de la competencia es dejar tu huella, por tanto, a los productos de marca blanca Dropshipping, porque con este tipo de ventas podemos aprovechar todos los aspectos positivos debido a las ventas de nuestros productos y nuestra marca.

Una correcta y estudiada comercialización del producto hará que nuestros clientes opten por contactarnos cada vez que necesiten un determinado bien porque conocen nuestra marca y la reconocen como única.

La singularidad y exclusividad que transmite la creación de una marca hará que los clientes potenciales estén más dispuestos a pagar precios más altos y un número cada vez mayor de personas elegirá nuestra marca de ropa, por ejemplo, sobre otras marcas que tienen el mismo rango de precio.

Para lograr el éxito a largo plazo, es de fundamental importancia construir una imagen de marca basada en la confianza y la transparencia.

Hacer productos de Marca Privada es la forma más efectiva de crear este tipo de relación con nuestros clientes porque los beneficios y la utilidad que los compradores obtienen de nuestros productos asegurarán que nuestro nombre se coloque al lado de una imagen positiva que será recordada con el tiempo.

La Etiqueta Privada, de hecho, hace que sea más probable que nuestros clientes se apeguen a la marca y a la tienda y, por lo tanto, que cultiven una cierta confianza en nuestra marca y que vuelvan a comprar o que recomienden nuestros productos a otras personas.

Un método alternativo a los propuestos hasta ahora, para promover la exclusividad de la marca, es vender al por mayor nuestros productos de Marca Privada.

Al limitar el acceso que tienen otros vendedores a nuestros productos, tendremos que asegurarnos de que tengan que pagar precios más altos para acceder a ellos y esto no solo ayuda a generar una mayor ganancia, sino que al mismo tiempo permite que nuestra marca gane más visibilidad.

Otro comportamiento importante es establecer buenas relaciones con los minoristas más grandes, para aumentar la visibilidad de nuestra marca y asegurarnos de que más personas compren nuestros productos.

Al ofrecer a los clientes la opción de comprarnos el producto a nosotros en lugar de a los minoristas, sin duda aumentaremos nuestras posibilidades de venta.

Pero, ¿cómo podemos empezar a vender productos de marca privada en Dropshipping?

Si aún no hemos intentado vender productos de Marca Privada en Dropshipping, veamos juntos cómo hacerlo paso a paso:

- Búsqueda de productos para vender porque existe una amplia gama de productos que se pueden fabricar en Marca Privada con poco esfuerzo. Algunos ejemplos son: productos electrónicos, cosméticos y productos para el cuidado de la piel, herramientas, ropa, accesorios en la industria de la moda. La lista podría seguir y seguir, y por esta misma razón, el verdadero desafío es elegir un producto del que sacar provecho, que tenga demanda en el mercado, pero poca competencia de otros competidores. Por lo tanto, el primer paso para iniciar nuestro negocio es investigar y conocer las solicitudes de los consumidores.

- Utilice Google AdWords para buscar los productos más populares, es decir, si no estamos seguros de cuáles son los productos más solicitados, Google puede ayudarnos. Con la herramienta de búsqueda de palabras clave podremos ver cuántas personas están buscando términos específicos en Internet; este podría ser un indicador válido para comprender la demanda de los productos que desea vender en Marca Privada. Otra característica que ofrece Google es saber cuántas veces al mes se buscan estas determinadas palabras. Evidentemente es importante que el producto que queremos vender tenga una gran cantidad de búsquedas en Google, de lo contrario no sería recomendable invertir dinero con la esperanza de ver ganancias en el futuro.

- Asociación con un proveedor confiable
Debido a que el mercado de Dropshipping de marca privada se está expandiendo día a día, es muy importante asociarse con un proveedor confiable que pueda ser flexible y también capaz de ofrecer productos de buena calidad. En realidad, esto podría ser un pequeño detalle, pero podría dañar nuestra empresa porque un socio poco confiable podría enviar productos, de baja calidad o incorrectos, o podría retrasar los envíos. Con un proveedor confiable detrás de nosotros, en cambio, podemos enfocarnos solo en la promoción y venta de nuestro producto y mejorar lo que será el beneficio final.

Por tanto, la Etiqueta Privada consiste en la venta de un producto que vamos a personalizar con logo, packaging e incluso personalizándolo o creando un producto desde cero que aún no existe en el mercado.

Hoy también escuchamos sobre la etiqueta blanca.

¿Qué es?

La etiqueta blanca es bastante similar: elegimos un producto que ya ha sido vendido con éxito por otra empresa, pero ofrecemos opciones de etiqueta blanca, es decir, diseñamos el paquete para vender, etiquetar y vender el producto, por lo general, este enfoque se utiliza en industrias de belleza.

En cualquier caso, no subestimemos los problemas en absoluto: un problema con el etiquetado blanco es la cuestión porque estamos sujetos a lo que pidamos y la mayoría de las empresas con las que tratamos establecerán una cantidad mínima de producción.

En definitiva, si no logramos venderlo, tendremos que vivir con el excedente durante mucho tiempo.

CAPÍTULO 7
Digital Marketing

Hoy en día, el proceso de toma de decisiones de compra del consumidor está influenciado desde los primeros momentos después de la entrada inicial por la reputación de la marca, blogs, reseñas y opiniones en línea. Y esta es la razón que lleva a las mejores empresas a integrar las actividades web en sus estrategias de marketing para avanzar en la misma línea con el consumidor de la era digital.

El marketing digital se refiere a todas aquellas actividades de promoción de una marca y marketing de productos y servicios a través de uno o más canales digitales.

Integrar el Marketing Digital nos ayudará a llegar a un target bien focalizado y podremos interactuar con él en el momento de su máxima recepción, independientemente de la zona geográfica en la que nos encontremos.

Podremos rastrear y monitorear las acciones de nuestros usuarios en tiempo real para mejorar y optimizar cuáles serán las estrategias de marketing día a día.

Pero, ¿cómo podemos hacerlo?

Partiendo de lo básico y configurando una buena estrategia de marketing digital:

- Estudiamos a la audiencia, lo que quieren y lo que necesitan.

- Definimos nuestra propuesta de valor.

- Establecemos los objetivos a alcanzar y definimos las prioridades de la empresa.

- Realizamos un seguimiento de los datos que dejan nuestros usuarios y nos esforzamos por generar contactos calificados y perfilados para responder mejor a sus necesidades.

- Utilizamos las herramientas que mejor se adaptan a nuestras necesidades.

Pero si quisiéramos ir más concretamente, ¿cuáles son las herramientas que ofrece Internet que utiliza el Marketing Digital?

En primer lugar, publicidad y con esto nos referimos a todas aquellas actividades promocionales de pago de carácter comercial y patrocinio de una marca.

En particular, podremos escuchar sobre SEM y pagar por clic. Este tipo de actividad nos dará visibilidad inmediata a través de subastas online para las diferentes palabras clave que decidamos utilizar.

La publicidad será útil para poder competir con otros competidores online, aumentando así nuestras posibilidades de tener una mayor visibilidad.

Si se utilizan correctamente, producirán un retorno de nuestras inversiones, generando así beneficios para la empresa.

Luego, Search Engine Optimization incluye todas aquellas actividades para optimizar el rendimiento de nuestro sitio en términos de visibilidad orgánica y posicionamiento para los motores de búsqueda.

Google, Bing y otros motores de búsqueda premian los sitios con el mejor contenido y con un diseño que ofrece una navegación fácil para los usuarios.

Por tanto, debemos asegurarnos de que nuestro sitio sea fácil de encontrar, claro, bonito y utilizable, como ya hemos explicado en los capítulos anteriores porque de esta forma tendremos más posibilidades de generar tráfico cualificado.

Además, el marketing de contenidos incluye todas aquellas actividades de creación y distribución de contenido como blogs y artículos.

El objetivo es atraer usuarios calificados a nuestro sitio priorizando las relaciones sobre las transacciones.

El contenido interesante puede convertirse en una verdadera fortuna para el crecimiento de nuestro negocio corporativo en términos de SEO y adquisición de clientes potenciales y datos rastreables.

Este último, si se analiza correctamente, nos ofrecerá la oportunidad de guiar a nuestros usuarios a través del Embudo de Conversión.

Todo esto brindándole una experiencia que puede gastar, interesante y divertida.

¿Tenemos un producto nuevo, ofrecemos un servicio innovador o somos una marca nueva?

Ha llegado el momento de darnos a conocer a toda la web. Así, las relaciones públicas digitales son una táctica que utilizan las marcas para incrementar su presencia online mediante la construcción de relaciones con Bloggers, periodistas online y con el público de las redes sociales.

Una buena estrategia de relaciones públicas digitales ayuda a aumentar y mejorar la reputación de una empresa en las comunidades online al dar visibilidad a la marca. Si se usa correctamente, tiene efectos positivos en el SEO, la tasa de conversión y el ROI.

En cambio, Social Media Marketing se refiere a aquellas actividades promocionales de productos, servicios y marcas a través de las redes sociales que permiten la interacción directa entre el usuario y la empresa.

Los canales sociales pueden convertirse en un poderoso motor de participación del usuario capaz de secuestrarlos directamente en nuestro sitio web.

Elegimos plataformas sociales alineadas con nuestro target: no es necesario estar presente en todos los canales sociales, pero es importante supervisar bien a las elegidas.

Hacerlo bien requiere tiempo, estrategia y creatividad en la línea del marketing de contenidos.

Finalmente escuchamos cuál es nuestra audiencia y hacemos un seguimiento de los resultados.

De esta forma podremos optimizar nuestro rendimiento, aumentando nuestro rendimiento día a día.

El marketing de conversión incluye todas esas técnicas con el objetivo de convertir a los nuevos visitantes en clientes de pago reales y potenciales y a los nuevos clientes en clientes leales.

Pero, ¿cómo es esto posible? A través de una combinación de análisis de datos, creatividad, tecnología y negocios, la combinación de estos componentes puede brindarnos las entradas correctas para aumentar las conversiones en nuestro sitio. Al leer los datos, podremos analizar todos los componentes que han influido en las interacciones del usuario con nuestro sitio.

De este modo, podremos traducir los datos recopilados en cambios estructurales en la arquitectura y el diseño del sitio.

Finalmente, con las llamadas pruebas A / B podremos optimizar nuestro sitio para acompañar a más usuarios a través del Embudo de Conversión.

La automatización del marketing permite automatizar acciones de marketing normalmente manuales a través de un software específico. Estos softwares nos permitirán optimizar nuestras estrategias de marketing web calificando nuestros contactos, generando nuevas oportunidades de venta y agilizando el ciclo, todo mediante la automatización de acciones repetitivas, la actualización y segmentación automática de la base de datos, gestionando el envío de nuestros correos electrónicos y registrándonos. los puntos de contacto con nuestros clientes potenciales.

El marketing por correo electrónico consiste en el envío de correos electrónicos y boletines como medio de comunicación directa con nuestros contactos con fines comerciales y de fidelización de clientes.

Un email bien pensado se convierte en la manera perfecta de acercarnos a nuestros potenciales clientes: priorizamos la conexión directa con el destinatario con un toque personal y cautivador.

El marketing móvil incluye aquellas actividades de marketing multicanal destinadas a llegar al público directamente en dispositivos móviles como teléfonos inteligentes y tabletas. Hace uso de herramientas como sitios web receptivos, rastreo por GPS, SMS, redes sociales y aplicaciones. Es una práctica fundamental para una estrategia de marketing exitosa, de hecho, desde 2016 el porcentaje de italianos conectados a Internet a través de dispositivos móviles ha aumentado significativamente en detrimento de los conectados a través de escritorio.

Por tanto, podemos concluir diciendo que el sector de referencia del marketing digital es enorme y al principio puede resultar complicado montar y coordinar actividades para diferenciarse de otros competidores.

CAPÍTULO 8
El Cliente

La fidelización es una de las herramientas de marketing más importantes en los negocios online, de hecho, perder clientes y llevarlos a otra tienda es realmente muy fácil. El ciclo de vida de un cliente ("Ciclo de vida del cliente") en Internet es mucho más rápido que en las ventas tradicionales, lo que, para usted, el gerente de una tienda en línea, puede resultar un poco frustrante, especialmente en los primeros días. Con un buen CRM (programas de gestión de relaciones con el cliente) puedes convertir a los clientes ocasionales en clientes habituales con la posibilidad de que te sigan siendo fieles durante mucho tiempo. De este modo, se beneficiará de unos ingresos estables y de una mejor planificación de su negocio.

El concepto de "ciclo de vida del cliente" se refiere a la relación comercial entre el vendedor y el consumidor que comienza con el establecimiento del primer contacto y se extiende hasta el momento en que se pierde el cliente. No se puede descartar que vuelva a su sitio, incluso si no suele suceder. El ciclo de vida del cliente se puede dividir en diferentes fases, de las que es posible derivar una serie de acciones de fidelización. A continuación, le mostramos tanto las fases individuales como las herramientas CRM adecuadas en orden cronológico.

1. Fase de adquisición

Durante la primera fase, se trata de clientes potenciales. Estos indagan sobre productos particulares, comparan proveedores, ofertas o modelos y replantean o posponen la decisión de compra en caso de duda. Se trata de atraer la atención del cliente hacia tu tienda online a través de medidas clásicas de marketing, por ejemplo:

Optimización de motores de búsqueda (SEO)

Anuncios

Programas afiliados

Juegos de premios

Con un diseño original, imágenes y descripciones de productos de calidad, así como con la presentación de evaluaciones confiables por parte de los clientes o autoridades de certificación (en inglés

Certificate Authority), se gana la confianza del consumidor. Además, si responde todas las preguntas relativas a la protección de datos, el proceso de pedido y entrega, así como el tipo de pago, se cumplen todos los requisitos previos para la compra. Analiza periódicamente la tasa de rebote, especialmente para comprender en qué áreas debes mejorar tu tienda online.

2. Fase de iniciación del cliente

Una vez que haya convencido al nuevo cliente de su confiabilidad, debe demostrarlo. Esto significa cumplir con todas las promesas sobre el estado y la entrega de la mercancía, así como comunicar adecuadamente cualquier complicación. También sería recomendable agradecerle siempre la confianza depositada en usted y dejar espacio para comentarios y quejas junto con otros servicios. Informa a tus nuevos clientes sobre lo que tienes que ofrecer además de la compra que acabas de realizar, aconsejándoles que visiten tus redes sociales con regularidad o se encargue tú mismo de la divulgación de información a través de newsletters.

3. Fase de desarrollo del cliente

Si las medidas presentadas hasta ahora son las más frecuentes además de las más utilizadas, el siguiente paso es la gestión de la relación con el cliente (CRM). En la fase de desarrollo del cliente, puede intentar superar a la competencia aprovechando el individualismo y la creatividad y creando un ciclo de vida del cliente el mayor tiempo posible. Además del servicio ofrecido en cuanto a reserva y entrega de mercancías, que debe ser siempre alto, puedes crear campañas de fidelización para dar un nuevo impulso a tu negocio. Demuestre su valía, por ejemplo, a través de:

Bonificaciones / recompensas

Juegos de premios / Sorteos

Cupones / Regalos

Ofertas especiales / Descuentos

Condiciones especiales como plazos de entrega cortos

Busque también el diálogo con sus compradores fieles, comprobando frecuentemente su grado de satisfacción y dando espacio a las sugerencias de mejora. Escuche las opiniones de los clientes en redes sociales como Facebook o Twitter. Si ignora a sus seguidores y solo usa la plataforma con fines de marketing, esto pronto afectará su reputación. En muchas empresas, los canales de redes sociales son siempre el primer punto de contacto debido a su fácil accesibilidad.

4. Fase de separación

Si un cliente no ha comprado su tienda en línea durante mucho tiempo, se considera un comprador perdido. Como gerente de comercio electrónico, tu intención es, por supuesto, inducirlo a que vuelva a comprar, pero si esto no ha sucedido a pesar de la estrategia de marketing que has elegido implementar con él, es difícil convencerlo. En cualquier caso, nunca debes rendirte y dejar ir a tus clientes: intenta convencerlos contactándolos individualmente por teléfono o por correo electrónico. Ofrézcales condiciones de venta favorables, como descuentos a largo plazo, envío gratuito o tarifas de comisión más bajas para alentarlos aún más.

CRM: con la combinación adecuada, una ganancia para su negocio

Con un flujo de ventas continuo, pierde

rápidamente el control y es poco probable que pueda volver a crear las posibilidades enumeradas anteriormente para inducir a un cliente a comprar. Tenga en cuenta que puede contar con la ayuda de expertos especializados en atención al cliente y que ellos también pueden aportar una mejora a su oferta. Si no desea dejar la gestión de sus clientes en manos desconocidas, los productos CRM como SUGAR CRM o Salesforce podrían ser para usted.

Independientemente del tipo de CRM que elija, en cualquier caso, debe tener en cuenta la funcionalidad de su comercio electrónico. Invierta en cuidar a sus clientes más de lo que gana con ellos, incluso si su tienda en línea goza actualmente de cierta popularidad en el mercado; popularidad que, sin embargo, pronto podría desaparecer sin las debidas precauciones. Tenga cuidado de asegurar un cierto equilibrio entre costes y beneficios: tarde o temprano cosechará las recompensas de una buena gestión de los clientes.

EPÍLOGO

Y así llegamos al final de este libro.

Entendimos cuán articulado está el mundo del comercio electrónico y cuántos problemas pueden surgir para nuestro comercio electrónico.

Es por eso que siempre es necesario estudiar e informarse antes de lanzarse a algo que de otra manera solo desperdiciaría tiempo y dinero.

Hoy más que nunca es necesario e importante evolucionar y adaptar tu modelo de negocio a la economía digital, de lo contrario cerrar lo que es nuestra empresa solo será cuestión de tiempo.

www.ingramcontent.com/pod-product-compliance
Ingram Content Group UK Ltd.
Pitfield, Milton Keynes, MK11 3LW, UK
UKHW051422100425
5421UKWH00034B/617